CORPOS, FENDAS E FRONTEIRAS

Ana Carolina Francisco

CORPOS, FENDAS E FRONTEIRAS

Copyright © 2022 by Editora Letramento
Copyright © 2022 by Ana Carolina Francisco

Diretor Editorial | Gustavo Abreu
Diretor Administrativo | Júnior Gaudereto
Diretor Financeiro | Cláudio Macedo
Logística | Vinícius Santiago
Comunicação e Marketing | Giulia Staar
Assistente de Marketing | Carol Pires
Assistente Editorial | Matteos Moreno e Maria Eduarda Paixão Alves
Designer Editorial | Gustavo Zeferino e Luís Otávio Ferreira
Capa | Fabio Brust
Diagramação | Renata Oliveira
Revisão | Sarah Guerra
Marca de pincel | Freepik

Todos os direitos reservados. Não é permitida a reprodução desta obra sem aprovação do Grupo Editorial Letramento.

Dados Internacionais de Catalogação na Publicação (CIP) de acordo com ISBD

F819c	Francisco, Ana Carolina
	Corpos, fendas e fronteiras / Ana Carolina Francisco. - Belo Horizonte, MG : Letramento ; Temporada, 2021.
	84 p. ; 14cm x 21cm.
	ISBN: 978-65-5932-182-7
	1. Literatura brasileira. 2. Poesia. 3. Paixões. 4. Ilusões. 5. Feminismo. 6. Sexualidade. 7. Gênero. I. Título.
2022-2205	CDD 869.1
	CDU 821.134.3(81)-1

Elaborado por Odilio Hilario Moreira Junior - CRB-8/9949

Índice para catálogo sistemático:
1. Literatura brasileira : Poesia 869.1
2. Literatura brasileira : Poesia 821.134.3(81)-1

Rua Magnólia, 1086 | Bairro Caiçara
Belo Horizonte, Minas Gerais | CEP 30770-020
Telefone 31 3327-5771

TEMPORADA
é o selo de novos autores do
Grupo Editorial Letramento

editoraletramento.com.br • contato@editoraletramento.com.br • editoracasadodireito.com

Dedico este livro aos meus pais e avós, que me criaram para que eu pudesse ver a beleza do mundo e não tivesse medo de sentir.

A Florbela Espanca, por me ensinar que há espaço para jovens românticas incuráveis na literatura.

Ao meu coração, por ter me conduzido a boas histórias e se mostrado mais flexível do que coluna de contorcionista.

AGRADECIMENTOS

A minha família por todo o apoio, não só neste livro, mas para que eu tivesse autoconfiança suficiente para buscar uma publicação. Expor nossa intimidade e ir atrás de desejos, nunca é fácil. Na verdade, é o contrário disso.

Aos meus professores que, desde minha infância, tiveram toda paciência e amor para me ensinar a alinhar, brincar e amar as palavras. Nem esta página existiria sem vocês. E, mais especificamente, ao professor Sérgio Motta, por sempre expressar e demonstrar seu total apoio aos alunos.

Ao professor Arthur Dapieve, por ter sido a primeira pessoa fora do meu "círculo de conforto" a ler um texto meu com tanta gentileza e também por fazer questão de acompanhar o desenvolvimento profissional de seus alunos.

À escritora Susana Fuentes, por ter acreditado que eu poderia escrever um livro, até quando meus medos estavam à espreita. Eu sentia que me chamar de escritora era um sonho quase infantil. Obrigada por ter revisado tantos destes poemas, por ter me apoiado na organização deles também. É uma grande alegria ter você em minha trajetória.

Aos meus amigos, que me atenderam tantas vezes, quando eu ligava de inúmeros cantos do mundo, desesperada por um conselho, por um colo. Por terem se aberto comigo também. Pela troca de experiências, dores e prazeres desta juventude atravessada por tantas crises internas e globais.

11	PREFÁCIO Sergio Mota
15	NO SUSSURRO ENTRE FRESTAS
16	DESCE AQUI E ILUMINA
18	COMPOSIÇÃO DA SAUDADE
19	PUERIL
20	O ESSENCIAL
21	1. MINHAS GUERRAS, BORBOLETAS E ESTRELAS
22	DESCOBERTAS
23	CHEGUE ANTES QUE A CHUVA CAIA
24	NO HORIZONTE; A LEVE ILUSÃO
26	SINÔNIMO DE FLOR
27	LABAREDA
28	APOLINÁRIO
29	HAVERÁ LIMITES PARA AMAR?
31	2. PRECE
32	AMÉM
33	MÃE
34	SALVE, SALVE
35	ESSES TEMPOS NÃO SERÃO COMO ESPERADOS; 2019
36	SEGURE FIRME
39	3. FENDAS, FRATURAS E FRONTEIRAS
40	DA COR DAS RAIZES
41	É OUTONO
42	GELO
43	UM INVERNO LONGO
44	ODE À SAUDADE

45	DESCONHECEMOS A GEOGRAFIA
46	TREPIDAÇÕES
47	ME ESPERE
48	NÓS E NÓS
49	ATÉ O FIM, ATÉ
51	4. CURVAS DE CORPO E ABISMO
52	DESENLAÇO
54	BALADA DE ANTIAMOR
55	VEJAMOS
57	COMUNHÃO
59	UNÍSSONO
60	JOGO DE AZAR
62	O DESPONTAR DA LUZ
65	5. DO MEU SUOR, UM RIO
66	MULHER, MULHER; ECOA
67	ELA
69	FLUXOS
71	ESSA MULHER É COMO AS ONDAS
72	PORQUE EU TE CHAMO
73	SOB A TEMPESTADE
75	MINHA RESPIRAÇÃO OFEGANTE
76	GERAÇÕES
78	NAS LINHAS DA MÃO
79	PINTO-ME EM VERMELHO
80	NOSSOS MOVIMENTOS
82	AVANTA AVANTE AVANTE

PREFÁCIO

Sergio Mota[1]

Ana Carolina Francisco parece ser a principal representante (sem o sentido ortodoxo de periodização ou de filiação a uma corrente) de uma linguagem poética que pode ser definida como teatro da subversão, algo empírico, que desestrutura emoções e eterniza aparentes efemeridades cotidianas. Sua poesia é uma verdadeira prova de sobrevivência, individual e personalizada, da atitude do leitor diante de olhos enviesados e fronteiriços que evocam uma outra forma de visão: através das fendas. Em Corpos, fendas e fronteiras, é papel do leitor apreender o mundo de modo mais tangível. O "sussurro entre frestas" está no campo de um embate direto, físico, concreto, plástico e amoroso, com os elementos que podem ser explicitados na poesia que é o mesmo que pintura, que é geometria imediatamente reconhecível no arcabouço dos poemas que compõem o primoroso livro. Com essa atitude, Ana ratifica a ideia de que o olhar pelas fendas é, de certa maneira, um paradigma da própria visão, que supera o universo da retina e se alimenta de infinitos pontos de vista. O belíssimo poema "O essencial" pode ser o principal protocolo de leitura para adentrar neste universo visual e sensorial da literatura de Ana: "Talvez eu seja invisível/ da mesma natureza do som/ Que carregado pelo vento/ quando é finalmente escutado/ Se presentifica em quem o recebe/ Sem jamais pertencer a alguém/ Nem a ele mesmo".

---

1 Professor de Literatura e de Cinema Brasileiro da PUC-Rio

Na essência, os cinco eixos temáticos que dividem o livro reforçam que a função da arte é fazer com que o sentido nasça das imagens. No entanto, a natureza do sentido visual é trabalhar na ordem do implícito, do inacessível, o que pode trazer uma utilização das imagens que tem a intenção de não revelar um sentido previamente dado. O olhar valorizado pela poeta é justamente o olhar que não se limita à contemplação, mas que reflete sobre si e o mundo, na disposição do texto em que se inscreve, como escultura, no espaço em branco da folha.

Os textos de Ana parecem perguntar: como explicitar uma cartografia de um mundo que está sob o signo dos corpos, do amor, dos olhares, de uma realidade que parece ter ultrapassado a sua medida? "De túmulo, fizeram nossas gargantas/ Vozes maçarocadas em útero/ E por tantos centenários/ Esse país nos foi funerário", afirma o último poema do livro. De certa forma, os poemas do livro podem funcionar, pela abrangência temática, como pequenos ensaios sensíveis, que demandam sempre a intervenção do leitor. Esse desenho do livro é intencional e expõe, à maneira do hipertexto das janelas de um sistema operacional, o processo de apreensão da matéria poética. Ana Carolina Francisco organiza e desorganiza, ao mesmo tempo, essas imagens que viram matéria de poesia, de forma madura, sem deixar de propor uma gramática questionadora e combativa, na performance dos corpos na cidade. Temos aqui um eu que confronta o mundo.

Existe um entendimento, que vem da antiguidade clássica, segundo o qual a imagem não é simplesmente um tipo de signo, mas um princípio fundamental que mantém a unidade do mundo. Como noção geral, a imagem poética se ramifica em várias similitudes específicas que funcionam como figuras de conhecimento. Ana está preocupada, no estabelecimento dessa pedagogia da imaginação, em salvar a definição de imagem do exclusivismo de se concebê-la como um processo estritamente visual, posto que existem as imagens sonoras, auditivas, assim como há imagens puramente táteis. A bem da verdade, o livro não deixa de ser uma tese, desprovida de viés acadêmico, sobre o olhar e a pedagogia da imagem. No entanto, o olhar que está em evidência aqui é o olhar diante do imprevisto, do espanto, da importância de procurar desarmar qualquer pré-concepção diante da poesia. Tudo pode ser poesia.

Corpos, fendas e fronteiras é uma tentativa de recompor o prazer de ver e de amar isento de amarras, sem deixar de exercer posturas críticas e políticas no exercício de toda e qualquer experiência estética. Um olhar que não se abala, apesar de constantemente confrontado com um mundo onde as imagens são cada vez mais numerosas, mas também mais diversificadas e intercambiáveis. Não se pode escapar da força da poesia de Ana, nem tentem.

NO SUSSURRO ENTRE FRESTAS

Desce aqui e ilumina
a você eu recorro de novo
tô aqui sentada ouvindo grilo
o choro do bebê fica baixinho
tão baixinho que lembra vento
distante

eu te pergunto, pra que tudo isso?
meus braços já estão cansados
garganta aqui, ó, só corda pra grito
eu tenho esbravejado, mas só comigo
dessas escolhas tortas que fiz

mãe, desce aqui e ilumina
ponho água quente pro café
e senhora me conta d'outros tempos
em que afeto tinha a forma
simples da broa de fubá

eu sinto falta daquelas palavras
que aprendi só pra engolir
é com o corpo inteiro que luto
com a cabeça baixa nesse sol quente
levanto só pra ver roupa no varal

mas não se preocupe tanto
que isso é pra minha dor sair
ela tá é precisando passear
e saber que existe tanta coisa boa além

mãe, só desabafo pra senhora
tem hora que até beijo o meu bebê
dizendo seu nome pra proteção
tá tudo difícil, mas eu vou seguir
até quando é pra formar calo, eu sigo

é que a senhora me ensinou
que esse mundão tem a beleza
do tamanho que meus olhos enxergam
que até das minhas lágrimas nasce vida
e como me dizia,
da vida ninguém escapa

Composição da saudade

de lá em cá a buzinada dos automóveis parados
sentada na janela, eu sinto
os respingos da chuva que desaba na cidade.
aos meus ouvidos, raivosa sinfonia
composta de aceleradas notas de água e asfalto.
ventania
no sussurro entre frestas.
imploro que ela me arranque daqui,
como faz com telhas e árvores.

em sol maior, meu pés socam o barro.
não há pedra cinzenta por aqui.
os raios da tempestade tamborilam meu céu estrelado.
meus olhos sentem antigo odor
das gotas
nos orvalhos de minha infância.
voo mais alto que os cafezais,
nessa terra por gerações plantados.
inundo-me de alegre saudade!

eu vou para longe, não me espere
meus lábios cantam pelo mundo campestre,
nutridos pelo cântico da raiz.
sons de enxadas adentram terra molhada,
em coro com respirações ofegantes
de crianças que passam o dia a correr.

vou vou para longe, não me espere
a chuva que desaba lá fora está a despir.
cadê minha moral de moça urbana?
as minhas vestes protetoras, agora coladas.
contornam as curvaturas de minha alma
que anseia.
em dó menor, as águas celestiais nos lavam, imorais.
lave tudo e me leve mais que todos!
em teu corpo liquefeito meus sonhos se espalham.

Pueril

Segundo que escorre em minhas mãos
Inunda peito que anseia
Para ser
Exposto

Pele minha que esconde
Jovem carne avermelhada
Coração pulsante
Jorra vida
Aprisionada

Ínfimo composto químico
Formado pela junção
Da decomposição de outras matérias

Corpo que veio do escuro do ventre
Para ir ao crepúsculo da terra

Meu corpo, imploro por tempo
A juventude me promete frutos
Sem   dizer   quando   irei   colhê-los
Poeira vadiante
Conduzindo-se no ar
Na realidade, só quer
Saber
Onde finalmente terá pouso

O essencial

talvez eu seja invisível
da mesma natureza do som
que carregado pelo vento
quando é finalmente escutado
se presentifica em quem o recebe
sem jamais pertencer a alguém
nem a ele mesmo

1. MINHAS GUERRAS, BORBOLETAS E ESTRELAS

Descobertas

Desejo-te tanto e subitamente
Que me assustei ao perceber
Ter eleito teu corpo morada

Abraço e me deito em tuas camadas
Acalentada por juventude
Firme e majestosa

Teu peito não me oferece muito
Sem minhas guerras, borboletas e estrelas
Há apenas o constante pulsar
E a força de um coração

Prefiro-te ao mundo

Chegue antes que a chuva caia
Abra a porta ainda sereno
Como as manhãs de dezembro
Nos esquente de toque em toque
Neste calor prolongado
Eu me delicio nos detalhes
Como o céu trocando tons de azul
Nos despimos de nuvens e roupas

Com a ponta dos dedos, me sinta
Como conchas na profundidade
De um mar que deseja verão
Nossas ondas, nosso ser
Tremem em tempestade

Chegue antes que a chuva caia
Eu espero por você
Recém-desperta de sombras
Seja os seus beijos
E nasça do meu corpo
Minhas mãos pintando a linha das suas costas

Venha, pois logo aves cantarão
As ruas vão se agitar em barulho
Nosso som mais visceral se abafará
E chuva conduzirá o dia ao fim
Chegue antes de tudo isso
E deixe que a tempestade lá fora
Faça de nós uma ilha
Da cama um refúgio

No horizonte; a leve ilusão

Um pássaro azul voa em céu cinzento
Estico para ele meus braços a contento
Ele?
Vem como pluma pelo vento, mas desmancha-se, tão leve,
antes mesmo de pousar

Fico parada contemplando, meu coração apertado pelo
que nunca teve
A ave jamais pousou em minha mão
Então, repito que tudo bem, não vou lamuriar por alguém
Mas ao vê-lo perdido no horizonte,
Uma linha que é tão próxima e tão distante
Minha vista se perde, a alma se expande

ele fez com que tudo parecesse real
Foi o fagulho capaz de me aquecer por inteira
E crer que o vazio fora soterrado
Buraco que nos anos sozinha fui cavando

A única coisa boa foi aprender o limite entre paixão e desejo
Pois, como me apaixonar por você, pássaro azul?
Nem ao menos acariciou minha tez
Não chegou a cantar para mim suas canções
E afastado seu bico cavucou minha alma
Garras cortaram meu ser

Nunca foi sua intenção, pássaro azul!
Perdoo a você que é tão delicado e fez tudo com singeleza de
criança inocente
Mas fui eu, crendo que um mundo novo se abria, chorei
Você que veio com a brisa
provocou vontade feita de ar

Não há razões que eu enxergue, somente sinto
E tão somente que, isolada na varanda,
Assisto às suas penas caírem em mão desconhecida

Um riso escapa da minha boca
Esse é o fim
Você se deu a outra e eu me dei a mim

Sinônimo de Flor

Tem hora que o mundo parece peso
E para compensar o coração fica leve
Tão leve que se desfaz em lágrimas

Não há som que o acalme
Uma respiração ofegante
Tenta desfazer o nó da garganta

Tem hora que não há nem bebida
Que anestesie e faça brotar
Aquele seu riso frouxo

O corpo cai
A alegria escapole
Por aquela fresta da janela
Que antes você tinha aberto
Para juntos verem o sol se pôr

Só te peço que nessas horas
Em que sua cabeça girar
Gire por inteira,
Indo de encontro a todo sol
Enquanto uns tonteiam na dança
Você girassol

Labareda

Foste tal qual brisa que queima
Ardência na alma sem pretensão
Labareda que alastra e devasta
Plantações cultivadas pelo tempo
Elas cresciam. Eram vigorosas antes de você
Que reduz a escombros o que era consolidado
Espalha com seu soprar forte
Pedaços que jamais se unirão
Teu legado, vejo, são ruínas
Enquanto eu busquei construções

Agora me percebo suplicante
Para que vente e me bagunce por inteira
Quem sabe, ao me desordenar
Ao deixar meu corpo no calor de fagulhas
Possa renascer das cinzas que fizemos juntos

Apolinário

Já falei que preto te cai bem?
nos olhos, no cabelo, na pele
aquela que tanto me envolve
tudo em você faz querer
e no verão, o sussurro das folhas
o assobio nos morros
e meus versos de joelhos
feixes de um poste dançam em teu rosto
pelo vão da persiana
a noite se estende morna
e é em você
que moram as constelações

Haverá limites para amar?

se o colibri sempre voa
o pé pinta a grama
sol canta o galo
a broa nasce milho
se a montanha risca o ar
o vermelho vive fogo
a flor une pétalas
o grão-café derrete em bocas

haverá limites para amar?
se as mãos se cruzam
pernas são colo
peito faz morada
peles se arrepiam

se o pensamento escorre
vozes são poemas
a memória guarda risos
o corpo texturas

haverá limites para amar?
se eu te quero de quando em quando
pela natureza da vida e do meu ser
te peço no presente e te revivo no passado
desconfio até de que a morte seja fim
então por quê? para que se despedir?

as crenças contornam, paixões explodem
no brilho do sangue que ferve
meus coração bate em ritmo de palmas
marca os pedaços do seu nome

2. PRECE

Amém

Eu ainda não entendo a existência das balas
Mergulhando na carne e dilacerando
Pelo vidro o arco-íris se forma de sol
Em cada caco as setes cores
Do mesmo número sagrado de Deus
Ele me viu orando de joelhos no quarto
Meu corpo era o barulho abafado
De uma bala cuspida com força

Eu preciso de você, Senhor
Ali na gota de chuva meu olho de carvalho
Camadas descascadas e algumas ao chão
Eu já contei cada bolinha lisa do terço
Enrosco tudo no pulso e o levo pra cima
Aguardo pelo batizado de toda a água
Suor, choro, mar e chuva

Proteja-me de todo o mal
Que eu vire cruz contra tristeza
Livrai-me dos pecados
e de mim mesma

Mãe

Ave Maria toca no rádio
E eu tento
Tento te entender, Senhora
Tento te encontrar
dentro de mim
O Seu acalento
A Sua morada
Mas aqui está a dor
Mostro-a
E me ajoelho, Senhora
Como uma amiga me ensinou
Coloco testa no chão
Joelhos dobrados
E assim pertinho do solo
Penso que escutarei ecos Seus

Espero
Espera cor de nuvem sem sol
E espalha
espalho essa neblina em pele
Ave Maria, Maria que é mãe
Como a Senhora se ergueu?
Depois que viu o sangue do seu filho
Fecundar a terra

Maria, minha mãe
Como a Senhora ainda não intercedeu aqui?
Como a Senhora aguenta ver
Tanto filho tombar
Mãe, eu te peço
Nos pegue no colo
Porque se não for a Senhora
Será este país que nos colocará para dormir
Embalando corpo após corpo
Sem a Sua voz para nos ninar

Salve, Salve

Abaixamos a palmeira imperial
O vento que ecoa de longe
Arrepia pele
Som de canhões abafados cortam canto de sabiás
Céu límpido, sem festejos
E os dias dão ré...
Sinto no pescoço seu roçar
Áspero, o gigante há tempo se deitou
Com ordem esconderam sua bandeira
Progressivamente o empurram para trás
Dele, o amor foi arrancado
E as armas que para ele primeiro apontaram
Estavam todas em nome do bom Senhor
Mas o filho com o manto da noite
Permanece sob a dor
Em pilhas eles sobem ao céu
Jorrando o sangue que rega essa terra
"Tudo cresce aqui", bradam os estrangeiros
E eu vejo em papel ele chegar
Com coxinhas preparadas em cada bolso
Juntos dominaram o outro
Carregados pelo mesmo vento distante
Fincam aqui a bandeira
De tanto vermelho sangue e madeira
Chamam o lugar de Brasil
E o povo de João soberano ao lado dele clama
Ao armar-se contra irmãos
"Bandido bom é bandido morto"
Joias brasileiras se vão em caravelas estrangeiras
Somente o vira-lata aqui foi deixado
Abanando o rabo, ele late:
"Diga ao povo que fico"

Esses tempos não serão como esperados; 2019

O erguer das manhãs que me foram prometidas
Não, a cidade com buracos ferozes
Olhos de labaredas
Range com seus dentes metálicos

Esses tempos acariciam o dourado
Refletindo o feixe de cor das medalhas
Que traz ao presente o definhar das expressões
Tilintam no tecido esverdeado, ensurdecedor
Há tantas balas nesse zunido que perfura
A textura da memória costurada
De Herzogs, Rosas e Paivas
Deixando rastros de sangue e silêncio

Esses tempos rompem a euforia de vozes
Que com o corpo embateram por espaços
Para transformar histórica dor
Não, em correntes cravam as peles
Que banhadas de sol ergueram a nação
Elas saem do maquinário desses punhos cerrados
De quem jurou nos proteger

Nessa neblina da desesperança
Choro com o bater de sinos
Nos morros que juntam pessoas e nuvens
Choro porque sou gente e sou número
Sou espaço a menos nas calçadas
Sou mais uma fraquejada, e sou vida
Choro tanto que penso ser mais rio
E no fundo ainda sei que jamais
Derramarei o mesmo pranto
Que vem das entranhas do Brasil

Segure firme

Nuvens e artifícios
De longe quanto brilho!
Olhos se erguendo aos céus
Chuva de brasas, silêncio de lágrimas
O chiado da corda
Pólvora que se lança ofusca brilho das estrelas
Desmancha sonho em sangue
Na pura fantasia da luz

Segure-se para não tontear,
a centelha virou sufoco
O barulho agressivo do estouro
A delicadeza dos corpos
Que caem no chão frio
No céu, a chama aplaudida

Mais uma cruzada
Obediência das palmas e mais palmas
Na euforia da explosão,
Nuvens e artifícios
Rufam como o tambor
De pesada artilharia

Obedientes rostos desfigurados
Faíscas perto de tocar os meus pés
Súplicas tão bem emolduradas
Com espirais de raiva e medo
São cantos de som opaco
Das gargantas, cascas de lâminas

Do vermelho fogem e ao vermelho fogo recorrem
Cores viram cinzas
Os olhos ardem o corpo arde o céu arde
Há um vulcão em cada peito

Palmas e mais palmas!
Vozes e mais vozes!
Pela luz dessas faíscas
Criminalizamos a nós mesmos

3. FENDAS, FRATURAS E FRONTEIRAS

Da cor das raizes

Quando me segurava
Teu peito tão perto do meu
Como em baile
Não era a mim que você via

Dizia com sotaque francês: "es muy bonita"
Enquanto mastigava minha língua
Sem pensar no que estava fazendo
Nem com quem se envolvia

No calor da noite, meu suor um rio
E você fascinado, como se
tivesse brotado tudo de ti
Bebendo de mim na crença
De que dominava as águas

Me beijava como se provasse
Do fruto proibido o pecado
Enquanto sem sair do quarto
Achava ser explorador no "exótico" da cor terra

Teus dedos demarcando
As fronteiras da minha carne
Teu sorriso ao ancorar caravela
Em minhas curvas

Assim, antes de te deixar
Nem quis repetir que falo português
Que prefiro samba a reggaeton
E que o tom da minha pele veio dos árabes

O verde do seu olhar, se alimentando
Do meu corpo a pulsar sangue latino
Mostra que você escolheu uma pessoa
Para satisfazer seu desejo por um povo

É outono

Depois de tanto acalento
De tantas luzes e cores
Vindas de flores-rua e vestidos
Depois de incontáveis sorvetes na casquinha
Que escorriam docemente
Pela nudez morena

Depois de tanto pular em direção às ondas

Ou mover-me em dança colada a ti
Ao som dos acordes musicais
Vindos de pandeiros, de jovens corações
Que, em meus ouvidos, aceleradamente
Na pressa de acompanhar o correr dos dias

É outono nas folhas amarelas
No céu que me guia cedo para casa
Na lareira, único calor a me envolver
Nos meus pés que só se ritmam para calçarem meias

Como também se faz outono nas portas
Abertas apenas em necessidade
Iguais aos teus lábios que se fecharam para mim
Recebendo a palidez desse vento
A bagunçar não só meus cabelos,
Que esfria até café fervente
Que corta ao secar lágrimas

Sou conduzida até um rio sozinho
Cercado apenas por árvores já quase despidas
Torno-me delas a folha seca
Que voa e se submete ao chão
Juntas farfalhamos com vento uivante:
"É outono"

Gelo

Gelo que não só sinto, mas vejo
Por fora da cerveja que me entrega
Brindamos e eu por fim sorrio
Pouco antes do encontro de lábios sedentos
E no tremor, perco-me de todo o pensar

Gelo que faz queixo tilintar
E provoca na espinha arrepios
Minha pele que trinca
E em tua boca me rasgo
Na mais primitiva forma de se entregar
À teus pés, meu olhar escolhe o breu

Mas quando horas voltam a correr
Procuro me cobrir, ter que dizer adeus
Os tiques dos ponteiros agridem meus pensamentos
Martelam demandas e avisos
E se instaura, à clara-luz dos gestos, a melancolia
não há pétalas pelo piso
Só roupas espalhadas
não há promessas
mas braços, coxas e um par de olhos a espera

Sinto sua mão se encaixar em minha cintura
Lembra-me de que existe calor
É apenas disso que agora preciso
E o verbo ficar
evapora sobre pele

Gelo nos flocos de neve que caem
Por fora da janela fechada a refletir
Meu corpo, queima no teu

Um inverno longo

"It must be an issue"
Disse amiga ao colocar mão em minha testa
Com um sotaque carregado
Que me faz lembrar que é de outro mundo
E com o rosto preocupado
Pois agora ela também faz parte do meu
Está frio e minha pele "hot"
So hot, que ardo nessa neve
So hot, que tenho de me deitar na cama
Aí me lembro de você
Da sua barba rala, da risada que arranhava
E deixava marcas ali dentro da alma
Do calor de dois corpos
Fechos os olhos e te sinto
Meu corpo fervendo
"It is a fever", ela diz
E ainda na escuridão, meu olhar se abre pra dentro
Só pra encontrar o castanho dos seus
"No" digo desenhando seus lábios na memória
Tão vermelhos e calorosos como o verão
"it is Love"

Ode à saudade

No fundo, desejo estar junto a você agora
Sentir seu cheiro de maresia
Dançar e ser beijada sem demora
Carícias do seu calor que, aqui, parece desatino

Deixe que te reencontre
E lentamente feche meus olhos vendo o céu
Coberta pelo frenesi de nossas estrelas
As cores do agora, insólitas
tapam humilde alegria como opaco véu

É que me deu tanta saudade de em você descansar
Vendo o entardecer do sol ser aplaudido
uma chuva de mãos que se unem a admirar
Eu te amando em silêncio, como um jovem inibido

Esse vento faz tanto barulho que parece imenso
expande-se com a fraqueza das pequenas gotas
Arrasta folhas e meu corpo que paira suspenso
Choro ao lembrar do seu sussurro, o mais doce que já ouvi

Bem longe de mim, o sabor da sua língua corta o espaço
Suavemente, ecoam os males da despedida
Nos momentos difíceis é em suas lembranças que me enlaço
Com a voz de compositores antigos a preencher

Vago por palavras nessa ausência
Nada mais, além do seu perfume, me acalenta
Por você eu voltaria de toda viagem, eternamente
Pois é em seu solo, Rio, que brota minha fé de ser contente

Desconhecemos a geografia

I

Quero te contar sobre cada flor que a neve cobriu
E se eu pudesse descreveria a fundo
O cheiro de cada manhã
Os tons desse poente
Escutaria sobre todos seus delírios
E passaria madrugadas colada no telefone
Sem saber
se somos um sonho

II

Te contaria meus temores
em ritmo de uma valsa
Para meus pés dançarem
Sobre os seus

III

convenci-me a aceitar a distância
vendo-a ganhar forma de histórias
que logo te contarei
pois enquanto hoje há um mar de distância,
amanhã haverá terra a unir mãos

Trepidações

Gotas pelos vidrásseis
Cortina voando bem devagar
Parece meu vestido, lembra?
Aquele tecido em finas ondas brancas
A gente fazia ele girar muito
Na verdade, tudo girava

Londres não trepidava tempestades
Era aquela chuva tão mansa
Regava corpos florescendo
Pés em poças que refletiam continentes
Nelas colocamos barcos de papel
Tão bem decorados com anseios

Abro janela e paisagem seca
O ar denso que não tira respiração
Da mesma forma como você fazia
ondas de sol quente e, ao longe,
ondas de um mesmo mar
Debruço no peitoral
Plantações de cana me recebem
Solto teu nome
Vejo-o em rachaduras no ar
Junto do açúcar, em silêncio

Me espere

Apenas alguns elementos nos separam
O ar espesso que sai em suspiros de saudade
E que ocupa tanto espaço entre nós
A terra que enraíza pés
E que impossibilita nosso encontro
A água que mesmo em abundância
Deixa nossos lábios sedentos
O fogo é o único que jamais atrapalha
Sendo chama na ardência de dois corpos
Que cismam em se incendiar

Nós e nós

Eu te odeio
Pois quando o sol nasce
Seus braços como maresia recuam
Ondas que largam areia e meu torso
Eu te odeio
Pois os mesmos lábios que me beijam
Afastam-se com palavras perdidas
Deixam sozinho meu corpo a te esperar

Eu te odeio
Pois seu canto com contorno de união
Não é eterno
e cessa a seu desejo
Deixando-me no delírio de ecos no peito
Pois é primavera e eu não me junto aos colibris
Troco o céu pelo azul do seu olhar
Que logo abandonará o meu

Eu te odeio
E te chamo com carne, lábios e sentenças
E te chamo com o luar refletido em meus seios
Bem colados ao teu tronco
Toda noite, eu te quero

Até o fim, até

Eu te vejo tão perto,
nosso olhar se perdendo
Amor, minha cabeça gira
e eu sinto falta de me deitar
em noites ao seu lado

Acendendo um cigarro, você fuma tudo
até o fim, até
a fumaça nos cobrir

Aperto meu celular,
como se fosse um rosário
Eu imploro milagre
Preciso que palavras venham
enquanto pensamentos dançam rápido,
da minha boca só ar
Pelo menos tem a música,
que compomos em silêncio

Respiração desenhando notas na pele
Até o fim, até
Esse vento apagar a chama

Sua mão solta a minha
E eu desejo que acenos de adeus
Fossem com dedos entrelaçados
Sim, cedo eu me vou
Todo esse espaço entre nós,
será para que novos sonhos cheguem

Mas você ainda podia me segurar
Até o fim, até
Meu corpo deixar de ser rio a cruzar o seu

Você liga o carro
É verão e o amor está longe
Coloca seus óculos
E tudo fica escuro
Ainda, eu vejo todas essas cores
De lugares do seu passado

E amor, eu estou bem aqui
Até o fim, até
Meus caminhos encontrarem os seus

Um milagre, por favor
Que eu volte a ser criança
Devolva-me a fé perdida
Todo mal pode ser consertado
com apenas um beijo

Eu prometo fechar meus olhos
Até o fim, até
Eu guardar boas lembranças de você

Minha boca é ar
Respira, respira
A neblina já nos persegue
É nossa última vez
Eu sei que você precisa ir
E não é que eu deseje ficar,
mas que palavras venham
Pois ainda tenho um pedido
Eu quero te beijar
Até o fim, até
As curvas dos meus lábios
Guardarem o formato dos seus

4. CURVAS DE CORPO E ABISMO

Desenlaço

nos corpos próximos ao vazio pavimentado
uma fotografia gasta no seu bolso
suas palavras fugitivas embolam no ar
"nada pesa mais, nada pesa mais
como essa foto em preto e branco"
e seu corpo vai arqueando, seus dedos agarram lençol
de soluços brandos, a lua atravessa o veludo
que te embala no quarto

obscuros cavalos de espuma
relincham no seu peito
vejo-a escapar para terra dura
adentra em vãos a sua melodia
corro pra te puxar pra perto,
sem jeito, enlaça-lo em meus braços
e te suplico no agora
onde está aquela outra música? aquela letra?

trêmulos espelhos d'água caem de ti
palavras fugitivas embolam no ar
"Nada pesa mais, nada pesa mais
como essa foto em preto e branco"

mesmos fios dourados derramando-se pelos seus ombros
mesmo o sol nascendo dos seus cabelos
a penumbra permeia a sua volta
vocês flertam com notas mais ásperas
e isso acontece rápido
o violão e as cordas arrebentadas
seu corpo, emaranhados no chão
a noite fria geme na sua boca
que engasga silêncio e mundo

espirais de movediças nuvens
dançam entre pálpebras

erga a sua cabeça, olho no olho,
ainda que em guerra
e na mudez do desespero,
à beira, permaneço, pelo meio, te procuro

você que ateava fogo no que fosse
você que mergulhava nos panos da cidade
está desaparecendo em si
cantando passado em verbos no presente
tentando se encontrar no que já não é
mas onde está aquela outra música, aquela letra
que sua íris tocava em feixes de luz

Balada de antiamor

Agora tive que sentar na cama
Sofro lá nos nervos
Chegou mensagem sua
Uma gracinha e um "hehehe"
Vinte minutos e não sei como responder você
Uma parte minha quer te fazer um poema
E te dizer que aqui em casa a cama não é pequena
Pode vir e vem rápido
E falaria algo sobre seus beijos em algum momento
Diria que sou muito ocupada
E eles tomam meu precioso tempo
Mas diria também que nunca gostei tanto de um desperdício
E que tô perdendo meu juízo
Com gosto
E tem a outra parte
Essa parte quer pegar esses versos
E amaldiçoar cada detalhe teu
Dizer que eu seria louca se um dia o chamasse de meu

Depois diria algo como
Ah não precisa me agradecer
Não ligue pro que dizem
Pelo menos tem a sua mãe
Uma pessoa aí que não me acha melhor do que você
Pra finalizar, de convite a cama pra santa
Diria que com pena
Sempre vou torcer pro seu bem
Mesmo que no fundo eu torça mesmo
pra que não pegue mais ninguém
E aí clicaria em enviar
Chamando essa lambança toda
De balada do antiamor

Vejamos

Eu abri bem a boca dele
Separei aquela fileira de dentes brancos
E os de cima tingidos de café
Gritei ali
Tão próxima boca de caminho pro ser
Que pude ver minhas ondas
Descendo pela garganta escura
Um silêncio
Na ira, minhas mãos ali
Como se pedissem para ele me morder
Ou na tentativa de imobilizar
O que mais usávamos de arma
A fala
Mas de repente um estrondo
Forte como nada conhecido
O negro da profundidade vazando
Da língua dele para todo o quarto
Me joguei no chão em desespero
Comecei a tatear o azulejo
Frio e rachado
Em algum lugar estava aquele abajur
Que a gente comprou na promoção
Eu briguei por um liso
E ele queria ornamento de flores
Fui engatinhando para a direita
Sabia que o tinha do meu lado da cama
Só bastava puxar a cordinha
E o pesadelo terminaria
O que eu devia ter feito era bater panela
Ou arremessado uns copos de vidro
Nunca fiz cena de briga assim
Like in american movies

Eu consegui me erguer
Apoiei-me no colchão duro e puxei-me
Soltei um som de guerreira
E fiz descer a cordinha triunfante
Assim veio aquela luz forte
Contrastando com tudo e comigo
Cerrei os olhos para entender
Havia astros dentro de Miguel

Fui me aproximando na ponta do pé
E me debrucei de novo na boca dele
Nas minhas bochechas queimaram
O gelo da lua e estrelas
A confusão com o calor
De todos os cometas
Um riscante agitado
Veloz como um foguete
Dançava rock em Miguel
Como Elvis e Jingle Bell

Quando fui reclamar minha vez
Senti um incêndio em mim
Lábios se afastaram e pude ver
Projetado na parede da sala
O sol saindo de meu útero
Então é assim que se faz o Big Bang
Uma explosão de vida
Agora passo a entender a Bíblia
Em meu corpo Adão e Eva
Guardam princípio e fim

E de nada mais adiantou brigar
Nem se quiséssemos
Um show pirotécnico acontecia
Nesse sistema solar
Que orbita e mora
Dentro de nós

Comunhão

Deite-se
Repouse sua prece
Deixe que eu me confesse
Como quem pede perdão

Vem cá pra perto
Que só pro seu acalento
Te faço um cafuné
Amanhã ponho mesa pro café
E na ceia o alimento d'alma
Visto a nós dois de palavras
Como quem repete oração

Deite-se
Repouse em mim
Arrebata
E me afaga
Que eu me contorno mulher
E contorno-te os músculos
Como Deus fez com Adão

Eu que me faço
E nos refaço
Tanto e amiúde
Como quem crê em oração

Eu também que grito
Choro
E ponho-me de joelhos
Vou e faço cena
Mas de ti tenho pena
Então peço seu perdão

E beijo-te em cada ponto
Como quem percorre o terço
Na mais singela adoração

E deito-me em cama nua
Do vinho, a hóstia pura
E fazemos comunhão

Uníssono

Um martelar, uma costura
De carne e músculos

Um zunido lá fora espeta
E pinta a abelha na flor
Que adocica em tom de ouro
Uma foz que nasce de você
Águas que escavam em mim

O raio de sol no escuro de grutas
Que guardavam silêncio de cristais
Que nesse trepidar ganham cor
Ressoam canto

O som do tambor que cria
Estrondo de geleiras que caem
Corpos que se deitam
abalos rítmicos

Jogo de azar

seus passos roem no vento
solas arranham a areia
rente ao meu portão
da janela, avisto um carro
motores gemem ainda ligados
vidro escuro, fresta aberta

carrego no perfume
batom, só pro disfarce

e te mancho em cada ponto
de coral, pink, nude

tem dias que me cubro de preto
outros, fios capim-limão
seus dedos testam qualidade
resistência dos botões
das vestes, a textura
elasticidade do tecido

no banco ao som de kevinho
no sofá, risos de sitcom
em becos longos, taciturnos
respiro alto
lábios uivam
meus dentes trincam
a palavra amor

pelas noites, afio mensagens
corto palavras, exponho pele
entro no teu jogo
bem me quer, mal me quer
entro no teu gosto
bem me quer, mal me quer

uma hora sou fúria
e me desfaço na sua nuca
algumas sou peso
que estala na tua mão

nas mais exatas
quando tique do ponteiro
se anuncia, sem pudor
ecos obtusos chegam entre vãos de madeira
quando não tem carro
não tem som
que venha de você
rio-me, ralo-me, ponho-me para dormir
nessas horas
em que sou menina
apenas

O despontar da luz

antes, bem antes, não havia tentação
no mundo uma vez criado
havia estrelas
ondas quebradiças
e sons à espera de nascimento

uma vez, Adão e Eva
ainda assim nenhuma tentação
nesse mundo uma vez criado

Mas então em um estalo
o céu se partiu
e dessa mesma luz
nasceu o sol
vagalumes
sombras inquietas

antes, bem antes,
quando não havia paraíso nem chamas
e todos sabíamos bem
como se viver por aqui
palavras aguardavam a semente
música em contorno de ar
letras de amor apenas um eco
ainda assim, nenhuma tentação, ainda

mas aí meus olhos, esses olhos tão humildes
na penumbra, avistaram você

havia um rio
e cheiro de flores
e daquele sussurro de verão
uma figura abençoava o luar
tentei ainda repetir duas vezes

os mandamentos que aprendi
mas seu olhar encontra o meu
ensina-me que o mundo nunca teve tanta cor
e minha mente agora canta
em notas de presságio
seus cabelos, seu quadril, seus traços
inveja, inveja, inveja
a lua das suas íris
as estrelas do teu riso
o mar das suas curvas
e a terra da sua boca

antes, muito antes, quando não havia tentação
no mundo uma vez criado
no entanto, seus lábios bem aqui
clamando pelo meu nome, clamando por meu gosto
eu os toco, eu os sinto
e eu os mordo
e aí que começa
a colisão
as tempestades
as sombras
tudo se perde
e tudo, tudo do antes se vai,
ainda, no mais completo breu
minha mão encontra a sua
o mundo agora de cabeça pra baixo
tem ruídos
tem ruínas
e tem dor, tanta, dentro de mim
e eu sorrio
enquanto tomamos mais um passo adiante, às cegas
neste ato de esperança.

5. DO MEU SUOR, UM RIO

Mulher, mulher; ecoa

o "pá pá pá" do tamanco
No estalar dos ossos — quando dá
No crepitar do fogo
E até no café que esfria
No som do microondas que me grita
silenciosas cinzas de cigarro
Mas o choro do neném que se vira no berço
"Mulher, mulher", ecoam

E tem a sugestão do médico, amigo dele
A saia que puxei mais dois dedinhos pra baixo
O sutiã que marca a pele com arame pra levantar
E o anúncio do creme rejuvenex da TV
O cabelo da Gisele Bündchen macio no outdoor
O preço do ingresso da festa
A bebida que chega do "quem é mesmo?"
Até o palavrão que engoli
"Mulher, mulher", ecoam

A cabeça que dói
A cabeça a mil
A cabeça que pesa
A cabeça que eu ergo, dia após dia
"Mulher, mulher", ela ecoa

Ana Carolina Francisco

Ela

O sol se deita no olhar dela
Fogo que consome
Derrete-se no dourado

E na preciosidade do choro
Vê a cidade ir embora
Ao som do bater de panelas
Da TV chiando e do filho que geme

O sol se deita na pele dela
Escura por tanta luz
Ela cozinha feijão e mistura fubá
Abraça as crianças até da vizinha
Irradiando calor de mãe e trabalho
Vez ou outra ela se permite
Uma carícia, alegria como nessa noite
Percorre as terra de si
Conhece suas matas, morros e águas
Adentra labirintos e sente vivências
Nesses momentos ela se enxerga
Sorri com o gosto que tem
Quando estão dormindo
Todas as vozes perto dela

Ruas fechadas pela janela
Estrelas em lamparinas
O mundo se desenha em palmas
Já não mais sabe de preocupações
Que percorrem zinco como chuva
Escorrem nas paredes de barro
Já de nada mais carece
Por instantes só respira
Toca o cerne, bem ali
Urra e suspira e urra

E não há nenhum outro homem
Tampouco outra mulher
Mas um corpo quente e elétrico
O sol se deita com ela

Fluxos

O sol no centro escaldante domina
É aclamado astro-rei.
Como se para haver vida só ele ditasse lei!
E eu pálida na janela, desejosa da Lua.

Atento-me às marcas impostas em seu solo
Como gostaria de dizer que foi a Lua que escolheu
Misturar a si com outros elementos, mas diz a história
Que ela foi obrigada a carregar em sua trajetória
As cinzas de um homem que nem mesmo conheceu.
No ventre eles querem mostrar presença
E clamam para si tudo uma sentença.

Chamam-na de secundária
E suas reações de soar de sinos
É esse o protocolo
Dar um nome que suaviza potência
Buscar conter e controle
Mas ela, na verdade, treme inteira e intensamente.
Tem independência, orbita por si!

Encolhe algumas vezes
ciclos em que o espaço no céu parece ceder
Mas não pense que é por fraqueza ou fragilidade
E se recompõe e fica redonda
Apenas uma face é oculta, o que acho ser uma habilidade
Talvez, sabedoria milenar

Não, não fugimos.
Mas luta e cuidado formaram substantivo composto
Palavras que na história estiveram ligadas
E de nomes com o artigo a foram aliadas.

Ao dar-lhe o reconhecimento devido
Fazendo eu parte dos olhos que a ela se erguem e não temem
choro
Posso às claras dizer minhas convicções e renegar qualquer decoro
Mesmo em dia, escutará!

Seduza-me com sua feminilidade

Sim, poderosa é a Lua que incentiva tanto sonho
E que mesmo ao resplandecer através da união
mantém seu jeito singular
Sendo a força maior de tantos mares e destinos
Atrai a Mãe-Terra junto a si!

Essa mulher é como as ondas

Ao sair da cama a mulher
É como as ondas a deixar areia
Com o corpo ainda quente
Do calor daquele encontro

Ergue e apaga a luz do cigarro
Olhos entre cinzas e o amado
Refletem o atrito da vontade
Pulsação do peito à boca

Explora o labirinto da orelha
Mergulha na curva do pescoço
Beija a trilha do corpo dele
Mas não se estende
teme a virada do sabor para o gosto

Ao sair da cama a mulher
Pensa no eterno vai e vem do mar
Puxa com força o ar abafado
E bate a porta às pressas

No corredor, alguém escuta
Entre o silêncio das espumas
O arrastar das conchas que se vão
Aquele fino sussurro:
"Faria tudo de novo"

Porque eu te chamo

isso entre nós é simples

sofro mal de flor

que desafia até a rasgar o solo

para crescer

neste pedido que venha

ver aqui o abrir das pétalas

sentir o cheiro na matéria

que chegue o voo da abelha

e faça tão doce mel escorrer

Sob a tempestade

Carolina, você sabe muito bem
Não há uma gota
Que não faça flor crescer
Agora, finalmente você vê
A tempestade que se armava

Ao seu redor havia corpos
E você os via afundar na lama
Perto de você havia vento
E você o via destruir plantações
"Isso eu não quero para mim"
Mas, Carolina, você sabe muito bem
Todo esse seu medo do escurecer
Você tatearia esse mundo
Se pudesse encontrar alguma luz
Agora, finalmente você vê
A tempestade que se armava

Abra bem os braços
Esse é um momento preciso
Solte todo o antigo ar
A chuva cai sobre nós
Sinta o cheiro de terra molhada
Veja o vento carregando pólen
Tantas e tantas sementes vão crescer com você
Não olhe para trás em dor
Por favor, erga os olhos para o céu
O denso azul do céu
Trouxe água para te banhar

Carolina, não tema o som do trovão
Escute essa nova sinfonia
Traga força a quem precisa
É, você não escolheu tudo isso

E insiste que é tão difícil
Eu sei que o peito dói
Ao pensar que era amor
No escuro das luzes de todas aquelas festas
Mas você vem me dizer sobre isso
E eu te juro, a vida é infinitamente melhor
Ela dança com você, e tem algo nesses movimentos
Que nos confunde e assusta
Mas não olhe para trás em dor
Por favor, acompanhe o seu caminhar
Seus pés marcam histórias na lama
Para frente, para frente, para frente
É que Carolina, você sabe muito bem
Não há uma lágrima
Que não faça você crescer
Muita chuva ainda vai te enfrentar
E quando a tempestade cair

É um ciclo que se fechou
É o sol que chegará

Minha respiração ofegante

o batom escarlate
rompe, rasga cor amêndoa
E minha respiração no compasso dos saltos
dela, como dançarina
de tango, me beija
no escuro da manhã
quando se vai
no laranja da noite
quando só uma luz se acende
me beija,
e como na última fagulha
de um sol poente
eu vou me deixando
me perder nesse seu cheiro
no seu gosto, no seu tato
na sua maciez
me beija, que eu juro
não mais desviar meu olhar
do calor que são os seus
me beija, enquanto na cama a sós eu lhe juro
lá fora o mundo ainda não aprendeu
a fazer verão como você

Gerações

Moça, eu te vejo daqui de baixo
A cabeça tombada no braço
E os olhos derramam na flor
Qual problema te abalou?

Eu aqui a te ver nessa dor
Só me resta cantar para ti
Que sua vida ainda demora
E o tempo é chance de paz

Olha, você em prantos na janela
Lembra essas mulheres de outrora
Quando vida tinha medida de casa
Filhos cresciam
e risos diminuíam, aos poucos

Moça, não há lâmpada para limpar
Mas a lua
ilumina tantos caminhos

Levanta essa cabeça
O sol já vai nascendo

A vida não é reta não
Como um rio que é cheio de curvas
Nasce apenas um fio
Mas morre imenso mar

Moça, o vento vai até você
E me traz teus cabelos negros
Linhas a voar pelos ares
Gaivotas de água e céu

Brota de ti a liberdade
Até suas dúvidas são sagradas
As escolhas certas um milagre
E as erradas uma benção

Nas linhas da mão

O quarto era como um retrato

Daqueles de bolso 3x4

No canto oposto à janela

A cama erguida na madeira

Recortes de antigo quintal

Ali ela tomava mingau e café

Tanto que sua pele perfumava

Amargura e o doce de grãos

Colchas de crochê remendando

O riso gasto das crianças

E ausência de novos ecos no assoalho

Colcha que seus dedos finos acariciavam

As linhas e nós de junções

Enquanto as curvas do corpo

Iam em tango para frente e trás

Ofegantes respirações nas longilíneas manhãs

Ela, que era perna nos bondes

Braçadas em roupa e água

Deita-se ao pôr do sol com terço e livro

Implora que o sagrado a revigore

E a tire, para bem longe

Levando-a pra explorar novos campos

Pinto-me em vermelho

Anuviado

Se contrai

Esquenta

Se contrai

Região mais densa

Ali, moléculas podem se juntar

Se há energia, se expandem

Ferro, cheiro de ferro

De tempos em tempos é chegada a fase, gigante

vermelha

E se expulsam camadas externas

E quando no núcleo há

tamanha densidade, peso tão demasiado

Desaba-se

Despedaça-se

Na nebulosa.

berçário de estrelas

No útero.

parto de rebentos

Ou do silêncio.

Nossos movimentos

O balanço do tempo
Leva meu rosto à chuva
Gotas tão finas em cortina
Roçam na pele encharcada
Na memória da minha carne
Vida se embaça e a claridade
Pelas frestas dos dedos
Do aceno de adeus que recebi
"E agora? Eu sou feliz?"
Sinto o peso da mão de Deus
Carícias escorrem nas costas
Meu olhar se fecha completamente
Ainda assim um campo
Hibiscos e Lírios
Uma estrada bifurcada
Meus pés sentem as raízes do mundo
O cheiro do barro me consome
Tudo parece tão tranquilo
Um grito racha o concreto
Pulo para não cair no buraco

Ao meu redor hibiscos e lírios
E os olhos negros de minha avó
"Eu sou feliz?"
Há uma estrada bifurcada
Por tempo ela correu acelerada
Criou filhos e marido
Fez remédio caseiro e meias de tricô
Rezou sempre ao bom pastor
Em uma cama de casal
Onde sonhava sozinha
"Eu sou feliz?"
Interrompe a irmã dela
Há uma estrada bifurcada

Por tempo ela correu acelerada
Compunha melodias em noites com o marido
Que abafou a música com bebida
Trocou o gosto de beijos
Tapando boca com licor
Mas logo chora minha tia
"Eu sou feliz?"
Há uma estrada bifurcada
Por tempo ela correu acelerada
Formou-se com honrarias
Países com forma de casa
Noivou-se com um português
Que lhe deu terras e anéis
Com ele colecionou joias e remédios
Estava indo abraçá-la
Quando paramos a escutar
O clamor de minha mãe
"Eu sou feliz?"
Ao lado dela primas e amigas
E do céu desceram Marias
Manchadas de sangue e solidão
Cantaram glória e aleluia
Com voz ofegante e garganta seca

A chuva bate em nossos rostos
Os dedos de Deus nos percorrendo
Cada vez mais ao longe as promessas
Antes com o teor de trovões
"Na saúde e na doença. Na alegria e na tristeza"
Perguntas firmam as passadas
Nessa estrada bifurcada
Por onde todas nós corremos aceleradas

Avanta avante avante

Minhas irmãs do agora
Honraremos a memória daquelas de outrora
Em riste, punhos e caneta
Somos ideias, verbos em caixa alta
Nossos corpos de sarjeta
Uni-vos em nossa defesa
Lado a lado na ribalta

Canso-me do adjetivo louca
Quando as ações que nos apetecem são poucas
E o governo que nos assalta
Protege-se em discursos de louvor

De túmulo, fizeram nossas gargantas
Vozes maçarocadas em útero
E por tantos centenários
Este país nos foi funerário

Por tanto, bibliotecas
trancafiadas para o gênero pobre
"À elas, dê apenas o que sobre"
Cegos quanto a raíz
Bombardeiam a diretriz que vem de nós
De nosso seio, o gozo das frases
porque cada verbo só arranha ar
Quando nós parimos bocas

Poetisas, ao fronte
palavras são mais que uma prece
As temperamos, e cozemos, polimos e afiamos
Versos livres, selvagens
Ou domados, com rimas na artilharia,
Versos decorados como por bordadeiras
Ou puros, apenas

Ana Carolina Francisco

limpos do excesso
como um dia retiraram manchas
Nossas avós lavadeiras

Poetisas, cada uma em sua trincheira
Nosso grito vem em brasa
Palavras vão à caça
Eles, com tropas e trombetas
Esquecem-se,
não há nada que nos desfaça
Quando querem nos dar fim
Içamos cabeças de Hydra
Hasteamos lápis e papel
é chegado o estopim

- editoraletramento
- editoraletramento.com.br
- editoraletramento
- company/grupoeditorialletramento
- grupoletramento
- contato@editoraletramento.com.br

- editoracasadodireito.com
- casadodireitoed
- casadodireito